VENTE

Du Jeudi 24 Avril 1913

HOTEL DROUOT, SALLE Nᵒ 6

A DEUX HEURES

BEAUX MEUBLES MODERNES

Tableaux et Aquarelles

SCULPTURES, MARBRES, BRONZES, OBJETS DE VITRINE

ARGENTERIE

TAPIS D'ORIENT

LIVRES

Appartenant à M. de S...

COMMISSAIRE-PRISEUR

Mᵉ HENRI BAUDOIN

Successeur de M. Paul CHEVALLIER

EXPERTS

MM. G. DUCHESNE & R. DUPLAN

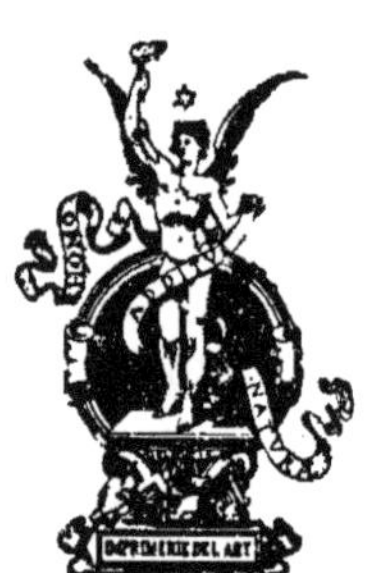

IMPRIMERIE DE L'ART

CATALOGUE

DE

Beaux Meubles Modernes

Provenant des Maisons LINKE et MERCIER

IMPORTANT MEUBLE EN TAPISSERIE MODERNE D'AUBUSSON

SALLE A MANGER

Bibliothèque, Vitrine, Bureau, Sièges, etc.

TABLEAUX MODERNES, AQUARELLES

Par :

AMOEDO, BALARD, BELMIRO, JEAN BÉRAUD

BERNARDELLI, W. BOUGUEREAU, CISTELLO, DONADIEU, W. HART, HIERLE, G. JACQUET

DE MARTINO, PENOT, SCHWEMNGER, SILVA, JEAN VEBER, VISCONTI, ZWILLER

GRAVURES ET ESTAMPES

SCULPTURES

MARBRES ET BRONZES

Objets de vitrine, Bronzes Japonais

ARGENTERIE des Maisons AUCOC, BOIN-TABURET, LINZELER et FRAY

TAPIS D'ORIENT, RIDEAUX

LIVRES

Le tout appartenant à M. de S...

Et dont la Vente aux Enchères publiques aura lieu à Paris

HOTEL DROUOT, SALLE Nº 6

LE JEUDI 24 AVRIL 1913

à deux heures

COMMISSAIRE-PRISEUR	EXPERTS
Mᵉ HENRI BAUDOIN	**MM. G. DUCHESNE & R. DUPLAN**
Successeur de M. Paul CHEVALLIER	10, rue Rossini
10, rue de la Grange-Batelière	**PARIS**

EXPOSITION PUBLIQUE

Le Mercredi 23 Avril 1913, de 2 heures à 6 heures

CONDITIONS DE LA VENTE

Elle sera faite au comptant.

Les adjudicataires paieront *dix pour cent* en sus des enchères.

Paris. — Imp. de l'Art, Ch. Berger, 41, rue de la Victoire

DÉSIGNATION

TABLEAUX

ET AQUARELLES

AMOEDO

1 — *Jeune Femme vêtue d'un domino de couleur claire et dissimulant le bas de son visage derrière son loup.*

Signé en bas et daté : *Rio 1898.*

Haut., 91 cent.; larg , 70 cent.

BALARD

2 — *Bateau de pêche en Méditerranée.*

Aquarelle.

BELMIRO DE ALMEIDA

3 — *Le Repos du vieux modèle dans l'atelier.*

Signé à gauche en bas et daté : *1898.*

Haut., 45 cent.; larg., 54 cent.

BÉRAUD (Jean)

4 — *L'Heure de l'absinthe.*

Devant une table de café, deux consommateurs de mine douteuse échangent leurs confidences, tandis que leur compagne, une jeune femme assise à côté d'eux, semble se désintéresser de leur conversation.

Signé en bas à gauche et daté : *1909.*

(*A figuré au Salon.*)

Haut., 51 cent. ; larg., 62 cent.

BERNADELLI (F.)

5 — *Jeune Femme vêtue d'une robe rose, couchée endormie sur un divan.*

Signé en haut à droite.

Haut., 30 cent. ; larg., 45 cent.

6 — *Jeune Femme et gaucho mexicain causant au bord d'un puits, dans la cour d'une maison.*

Signé à droite et daté de *Mexico.*

Haut., 72 cent.; larg., 95 cent.

7 — *Jeune Fille vue en buste et tricotant.*

Étude.

Haut., 23 cent. ; larg., 15 cent.

BOUGUEREAU (William)

8 — *Jeune Femme vue en buste, vêtue d'une chemisette à nœuds de rubans violets sur les épaules, la poitrine et les bras nus.*

Signé à gauche en haut et daté : *1896.*

Haut., 45 cent ; larg., 37 cent.

CISTELLO (Comtesse de)

9 — *Jeune Femme assise dans un intérieur et écri-
vant sur une table.*

(*A figuré au Salon de 1909.*)

Haut., 72 cent.; larg., 92 cent.

DONADIEU (G.)

10 — *Buste de Jeune Femme en chapeau et manteau
noirs, se gantant.*

Signé en haut à droite.

Haut., 44 cent ; larg., 37 cent.

HART (William)

11 — *Paysage.*

Au milieu d'une clairière, des bestiaux viennent
s'abreuver à un cours d'eau.

Signé à gauche et daté : *1877.*

Haut., 22 cent.; larg., 18 cent.

HIERLE (G.)

12 — *Jeune Femme assise, le buste nu, les jambes
croisées et drapées dans une étoffe jaune.*

Signé à droite en haut et daté : *1900.*

Haut., 43 cent.; larg., 35 cent.

INDONI

13 — *Cavaliers et Paysans italiens.*

Aquarelle.

Signée à droite et en bas.

JACQUET (G.)

14 — *Jeune Femme brune.*

Vue en buste, un piquet d'œillets dans les cheveux ; robe ouverte sur la poitrine et drapée dans un manteau bleu bordé de fourrure.

Signé en bas et à gauche.

Haut., 31 cent.; larg., 24 cent.

JAMES

15 — *Afternoon Morning.*

Deux aquarelles.

MARTINO (De)

16 — *Bateau cuirassé de la marine brésilienne.*

Aquarelle.

PENOT (A.)

17 — *Femme nue.*

Vue à mi-corps, assise, les jambes drapées dans une étoffe de velours bleu.

Signé en bas et à droite.

Haut., 44 cent.; larg., 30 cent.

(*Exposition du Cercle Volney*, 1907.)

SCHWEMNGER

18 — *Ève et le serpent.*

Une jeune femme nue est couchée au milieu des frondaisons ; au-dessus d'elle, un serpent enroulé autour d'une branche d'arbre semble la fasciner.

Haut., 40 cent.; larg., 72 cent.

SILVA (Oscar P.)

19 — *Moine assis et accoudé, en train de dire son
chapelet.*

> Signé en bas à gauche.

> Haut., 24 cent.; larg., 19 cent.

VEBER (Jean)

20 — *Orphée.*

> Dans un salon, un chanteur mondain au piano sem-
ble concentrer l'admiration d'un auditoire composé de
dames plutôt mûres.

> Signé en bas, à droite.

> Haut., 53 cent.; larg., 37 cent.

> (*A figuré au Salon.*)

VISCONTI (E.)

21 — *Jeune Fille blonde.*

> Étendue nue sur un divan recouvert d'une étoffe rose,
les deux bras relevés au-dessus de la tête.

> Signé en bas à gauche et daté : *1892.*

> Haut., 79 cent.; larg., 1 m. 29 cent.

ZWILLER (A.)

22 — *Fillette lisant un livre, coiffée avec un ruban
rouge dans les cheveux.*

> Signé à gauche.

> Diam., 48 cent.

GRAVURES ET ESTAMPES

23-24 — *Late for the mail. — In time for the coach.*

Deux gravures anglaises en couleurs.

25-26 — *Sujets pastoraux.*

Deux gravures en noir, d'après LANCRET.

27-28 — *Le Coup de l'étrier. — Le Tourne-bride.*

Deux gravures en noir, avant la lettre, avec remarque, d'après MEISSONIER, par Abel MIGNON.

Épreuves d'artiste.

ARGENTERIE

29 — Allume-cigares, forme de vase, décor en relief.

30 — Grand bol lobé, gravé d'armoiries ; fond vermeillé.

31 — Soupière à couvercle et double fond ; bords contournés à filets ; anses formées par des branchages entrelacés ; gravée d'armoiries. (*Maison Fray.*)

32 — Légumier à couvercle, pourvu de deux doubles fonds ; de même modèle que le numéro précédent. (*Maison Fray.*)

33 — Six tasses et soucoupes, décor martelé avec fleurs et libellules en relief; fond vermeillé.

34 — Double pinte en argent anglais.

35 — Pinte en ancien argent anglais, gravée à écusson.

36 — Service à thé et à café en argent anglais, composé d'une verseuse, d'une théière, d'un sucrier, d'un pot à crème, d'un pot à eau chaude et d'un plateau oblong. (*Maison Clarke de Londres.*)

37 — Quatre bols à eau chaude, avec leurs brocs, ornés de ciselures et de perlés. (*Maison Moutot.*)

38 — Saucière à plateau avec son double fond, gravée d'armoiries. (*Maison Fray.*)

39 —Saucière à plateau. (*Maison Moutot.*)

40 — Deux cache-pots avec double fond, décor en relief à guirlandes de fleurs et godrons, de style Louis XV. (*Maison Boin-Taburet.*)

41 — Deux seaux à rafraîchir, ornés d'une frise à rinceaux, piédouches à oves, anses formées par des mascarons de têtes d'hommes. (*Maison Boin-Taburet.*)

42 — Jardinière oblongue avec galerie, à décor ciselé et ajouré, présentant des figures d'Amours musiciens en relief; anses à coquilles; pieds à griffes.

43 — Deux grands candélabres, à quatre lumières, décor ciselé de style Louis XV. (*Maison Linzeler.*) Aménagés pour l'électricité.

44 — Deux vases porte-bouquets, décor à feuillages et rinceaux. (*Maison Aucoc.*)

45 — Plat long, à bords contournés, décor à filets et coquilles. (*Maison Aucoc.*)

46 — Plat rond et creux, à bords contournés, gravé à armoiries, décor à filets. (*Maison Fray.*)

47 — Plat rond plus petit, même décor. (*Maison Fray.*)

48 — Plat rond et creux, à bords contournés, décor à filets et armoiries gravées. (*Maison Fray.*)

49 — Plat long de même modèle, même décor. (*Maison Fray.*)

50 — Plat long de même modèle, même décor, mais plus petit. (*Maison Fray.*)

51 — Plat à hors-d'œuvre ; galerie décorée à rinceaux ; fond de bois ; compartiments en cristal. (*Maison Boin-Taburet.*)

52 — Réchaud, de forme cylindrique, en argent guilloché, à double verseuse. (*Maison Odiot.*)

OBJETS DE VITRINE

ET OBJETS DIVERS

53 — Bonbonnière en argent doré, en forme de crabe ; les yeux en perles. (*Maison Odiot.*)

54 — Deux petites bouteilles en argent émaillé, fond azur dégradé, décor à cigognes ; pied en bois de fer. Travail japonais.

55 — Petite potiche en argent émaillé, fond dégradé, à décor de poissons. Travail japonais.

56 — Petite bouteille en même matière, à décor de branchages fleuris.

57 — Coq et poule en jade rose. Travail japonais.

58 — Poule et ses poussins en ivoire sculpté, sur un plateau en bois dur.

59 — Vase à couvercle et piédouche en argent, à six pans lobés, décor d'oiseaux et de fleurs, avec applications de nacre et de burgau sur fond d'or. Entre-deux à têtes d'éléphants ; col et pied gravés et relevés d'émaux. Le couvercle surmonté de deux paons ; terrassement rocailleux. Fin travail japonais. Socle en bois dur ajouré.

60 — Deux petits vases, à panses lobées, en laque
d'or, ornés sur les faces d'émaux de Kumino,
décor de poissons et de feuillages ; col et pied
en argent ciselé, orné d'émaux. Très fin travail
japonais. Socles bois sculpté.

61 — Deux petites potiches, à panses lobées, en
émail cloisonné, décor polychrome sur fond vermiculé d'or.

62 — Petite tasse et soucoupe en porcelaine, décor
à émaux translucides, à réserves de fleurs sur
fond blanc avec treillis ajouré.

63 — Boite ronde en écaille brune piquée d'or ; le
couvercle orné d'une miniature : Buste de femme
nue présentant une rose. Commencement du
XIXe siècle.

64 — Statuette en porcelaine de Saxe à la Dentelle :
Jeune femme tenant un chat.

65 — Statuette en porcelaine de Saxe : Arlequin éle-
vant un broc.

66 — Masque en plâtre teinté, par DEHELLE : Coque-
lin ainé.

67 — Vase-porte-bouquet en verre gravé, à rehauts
d'or.

PORCELAINES
CÉRAMIQUES

68 — Paire de grands vases en porcelaine décorée
dans le goût de Sèvres, à sujets pastoraux et
paysages, signés de *Pascault*; monture en
bronze à pivot.

Haut , 88 cent.

69 — Deux statuettes en biscuit de Sèvres de la
série des *Danseuses de Léonard*.

Haut., 52 cent.

70 — Pot couvert en porcelaine de Chine, décor en
bleu sur blanc.

71 — Service à thé en faïence de Satzuma, très fin
décor à personnages sur fond vermiculé d'or. Il
est composé d'une théière, d'un pot à crème,
d'un sucrier et de deux tasses et soucoupes.

72 — Deux vases, forme pitong, en céramique japo-
naise, à décor de bouquets de chrysanthèmes sur
fond jaune.

73 — Lampe électrique en porcelaine, décorée à
semis de roses et de bluets ; monture en bronze.

74 — Grand vase, à panse renflée, en porcelaine de
la Manufacture Royale de Copenhague, à décor
de paysage : Sous bois par la neige.

Haut., 43 cent,

75 — Vase à couvercle, de forme balustre, en faïence de Delft, décor à réserves de paysages en bleu sur blanc.

76 — Coupe en grès émaillé grand feu de Robalbhen.

77 — Bonbonnière en grès émaillé grand feu, de couleur aubergine, de Robalbhen.

78 — Vase à anses, en céramique Danoise.

79 — Vase-cache-pot, de forme conique, en faïence grand feu à reflets, de Luréville, décor à oiseaux héraldiques Signé.

SCULPTURES, MARBRES
BRONZES, FER FORGÉ

80 — Groupe en marbre blanc, par H. LEVASSEUR :
La Perle. Une jeune femme nue, symbolisant la
perle, émerge d'une conque soutenue par une
figure de triton accroupi.

Haut., 1 m. 10 cent.

(*A figuré à l'Exposition Universelle de 1900.*)
(*Réduction du groupe figurant au Musée Galliéra.*)

81 — Statuette en marbre blanc : Vénus accroupie.

82 — Importante statuette en bronze patiné d'or :
La Joueuse de boules, par GÉROME. (*Édition Siot-
Decauville.*) Socle en onyx vert.

Haut., 80 cent.

83 — Groupe en bronze patine brune, par JUAN
CLARA : *Devant Guignol. (Édition Golscheider.*).

84-85 — Deux figurines en bronze argenté et doré :
Le Désir. (Édition Louchet.)
La Nuit, par RINGI.

86 — Statuette en bronze, patine antique : Femme
dansant.

87 — Coupe à haut piédouche en bronze patine
brune, offrant à l'ombilic un sujet en relief : *Aux
Champs;* et supportée par trois figures adossées
symbolisant : la Chasse, la Pêche et la Moisson.

88 — Lampe, formée par une statuette de danseuse, genre Loïe Fuller, en bronze doré, de Raoul Larche. (*Édition Siot-Decauville.*)

89 — Veilleuse, formée par une statuette en bronze, représentant un jeune chiffonnier muni de sa lanterne, par Cardona. (*Édition Golscheider.*)

90 — Paire de chenets en bronze doré : enfants musiciens dans des rocailles.

91 — Pare-étincelles en bronze doré. Style Louis XV.

92 — Petit encrier en bronze ciselé et doré, décor à rocailles. (*Maison Barbedienne.*)

93 — Bougeoir-promeneuse en bronze ciselé et doré. (*Maison Barbedienne.*)

94 — Suspension en fer forgé, de style Renaissance, aménagée pour l'électricité. (*Ferronnerie de la Madeleine.*)

MEUBLES

95 — Bibliothèque-vitrine en bois de rose et bois de violette, s'ouvrant à trois vantaux, de forme mouvementée et richement ornée de bronzes ciselés et dorés ; deux vantaux sont grillagés et le haut du meuble forme entablement à dessus de marbre. Style Louis XV. (*Maison Linke.*)

Haut., 2 m. 10 cent.; larg., 1 m. 82 cent.

96 — Encoignure, de forme mouvementée, en palissandre marqueté à damiers, ornée de bronzes ciselés et dorés. Dessus en marbre rouge. Style Louis XV.

Haut., 1 m. 10 cent.

97 — Encoignure, formant étagère, en acajou, décorée d'ornements et de filets en bronze ciselé et doré. Dessus en marbre brèche. Style Louis XV. (*Maison Linke.*)

Haut., 1 m. 10 cent.

98 — Meuble d'entre-deux, de forme mouvementée et galbée, en bois de violette, avec panneaux décorés au vernis, à sujets inspirés de Boucher, sur fonds d'or ; ornements en bronze ciselé et doré. Dessus en marbre brèche. Style Louis XV. (*Maison Mercier.*)

Haut., 1 mètre ; larg., 1 m. 12 cent.; prof., 44 cent.

99 — Important ameublement de salle à manger en noyer sculpté et ciré dans le goût de la Renaissance. Il se compose : 1° d'un buffet à deux corps, formant double crédence, dont la partie supérieure, offrant une niche, est supportée par des figures d'hommes accroupis ; 2° d'une desserte de même style et même travail ; 3° d'une table à allonges, piètement à galerie terminée par des figures de grotesques, pieds à griffes de lions ; 4° de douze chaises couvertes en cuir gaufré.

100 — Deux vitrines-argentières en noyer sculpté à colonnettes, offrant sur la frise de l'entablement des masques d'hommes en relief. Style de la Renaissance. (*Maison Mercier*.)

101 — Table-servante à système, se développant à trois plateaux superposés, en noyer sculpté.

102 — Armoire en bois peint en blanc, le fond et les portes garnis de glaces intérieures formant triptyque, et doublée en acajou avec tablettes de marbre et nombreux tiroirs. (*Maison Mercier*.)

103 — Porte-manteau-applique en acajou, à fond de glace. Style anglais.

104 — Porte-manteaux-porte-parapluies en bois peint, avec panneaux foncés de canne; fond de glace.

105 — Table de milieu en bois de placage, offrant,
sur le plateau, un panneau marqueté à décor de
ruines dans un paysage, avec encadrement de
rinceaux, ceinture et ornements en bronze ciselé
et doré. Dessus en glace. Style Louis XV. (*Maison Linke.*)

Haut., 1 m. 02 cent.; larg., 68 cent.

106 — Petit meuble, à un vantail, en noyer sculpté
et ciré, de style Louis XV. (*Maison Mercier.*)

107 — Grand paravent, à quatre feuilles, en bois
dur sculpté et ajouré, à décor de rinceaux, feuillages et fleurs, décoré de quatre feuilles en satin
richement brodé à décor d'oiseaux, d'arbres et
de fleurs sur fond blanc. Travail chinois.

108 — Écran en noyer, de style Louis XV, feuille en
peluche brodée.

109 — Grand bureau plat en marqueterie de bois de
violette et bois debout, à pieds cambrés et de
forme mouvementée; riches ornements en bronze
ciselé et doré. Il est surmonté d'un cartonnier
de même style. (*Maison Linke.*)

Haut., 1 m. 68 cent.; larg., 90 cent.

110 — Deux petites tables-supports, à tablettes d'entrejambes, en acajou marqueté. Style anglais.

111 — Petite table-support, à tablette d'entrejambes.
Style anglais.

112 — Bibliothèque tournante, de Terquem, en acajou.

113 — Balance d'appartement, d'Exupère.

114 — Coiffeuse en bois clair, rehaussée de peintures, avec glace-psyché et tiroirs. Dessus de glace. (*Maison Waring et Gillow.*)

115 — Petit bureau de dame en bois clair, marqueté à filets noirs. Dessus de glace. (*Maison Waring et Gillow.*)

116 — Fauteuil de bureau tournant en bois clair marqueté à filets. (*Maison Waring et Gillow.*)

117 — Meubles divers.

SIÈGES

118 — Important meuble en bois sculpté et doré, de
style Louis XV, couvert en fine tapisserie d'Au-
busson ; sujets à personnages inspirés de Boucher, sur les dossiers, et à fables de La Fon-
taine sur les sièges ; fond crème, encadrements
à rinceaux, animaux, guirlandes et fruits sur
contrefond vieux rose. Il est composé d'un canapé et de quatre fauteuils. (*Meuble remarquable
par le fini de la sculpture du bois et la qualité
de la tapisserie.*)

119 — Fauteuil de bureau en palissandre, de forme
mouvementée, orné de bronze doré et couvert
en peau de porc. Style Louis XV. (*Maison
Linke.*)

120 — Deux chaises et un guéridon en bois dur, à
pieds tournés. Style portugais.

121 — Canapé, tout garni de cuir de couleur
havane, avec ses coussins. (*Maison Maple.*)

122 — Deux fauteuils de bureau, tout couverts en
cuir havane. (*Maison Warring et Gillow.*)

123 — Trois chaises volantes en bois clair marqueté à
filets, couvertes en cuir havane. Style anglais.
(*Maison Waring et Gillow.*)

TAPIS, RIDEAUX

124 — Carpette, à décor persan, fond rouge.

3 m. 30 cent. sur 1 m. 98 cent.

125 — Carpette orientale, fond rouge, bordure fond crème. Tebriz.

2 m. 43 cent. sur 3 m. 03 cent.

126 — Carpette-galerie en tapis oriental, décor à losanges.

127 — Grande carpette en tapis persan, décor à rosace centrale sur fond crème, contrefond noir. Kerman.

4 mètres sur 2 m. 63 cent.

128 — Deux paires de rideaux en soie brochée, de couleur crème, appliquée et soutachée.

129 — Décor de fenêtre en drap bleu soutaché de galon jaune.

LIVRES

130 — Balzac : Cinquante volumes. Édition 1901 de la Société d'Édition.

131 — Grand Dictionnaire de Larousse. Dix-sept volumes.

132 — Lot de volumes divers.

133 — Objets non catalogués.